CATALOGUE

DES ÉDITIONS FRANÇAISES

DE

DENYS JANOT

LIBRAIRE PARISIEN

(1529-1545)

PUBLIÉ PAR

HENRI OMONT

PARIS

1899

IMPRIMERIE G. DAUPELEY-GOUVERNEUR

A NOGENT-LE-ROTROU.

CATALOGUE

DES ÉDITIONS FRANÇAISES

DE

DENYS JANOT

LIBRAIRE PARISIEN

(1529-1545).

Extrait des *Mémoires de la Société de l'Histoire de Paris et de l'Ile-de-France*, t. XXV (1898).

CATALOGUE

DES ÉDITIONS FRANÇAISES

DE

DENYS JANOT

LIBRAIRE PARISIEN

(1529-1545)

PUBLIÉ PAR

HENRI OMONT

PARIS
1899

CATALOGUE

DES ÉDITIONS FRANÇAISES

DE

DENYS JANOT

LIBRAIRE PARISIEN

(1529-1545).

Les catalogues de livres publiés par des imprimeurs ou des libraires sont presque aussi anciens que l'invention de l'imprimerie. Au xv⁰ siècle, ce sont d'abord de simples placards, ou feuilles d'annonces, énumérant un plus ou moins grand nombre de livres publiés par un imprimeur ou colportés par un libraire[1]. Bientôt ces catalogues officinaux se multiplient, avec le merveilleux développement de l'imprimerie et de la librairie au xvi⁰ siècle, et ils prennent la forme de livrets, plus ou moins étendus, donnant des listes d'ouvrages classés par ordre de matières ou plus rarement par ordre alphabétique, et le plus souvent avec les prix des livres qui y sont annoncés.

Plusieurs de ces catalogues venaient à peine de paraître que le célèbre bibliographe Conrad Gesner prenait soin de les réimprimer en tête de différents livres de ses *Pandectes*[2]; plus

---

[1]. Sur ces anciens catalogues du xv⁰ siècle, la plupart allemands ou hollandais, il faut consulter un article de M. W. Meyer, aus Speyer, dans le *Centralblatt für Bibliothekswesen*, 1885, t. II, p. 437-464, et différents articles de MM. Ad. Hofmeister, K. Burger, K. Dziatzko et K. Meyer dans la même revue, 1886, t. III, p. 35-36; 1889, t. VI, p. 110-113; 1891, t. VIII, p. 347-349 et 411-413; 1892, t. IX, p. 130-134. — Il faut rappeler aussi le *Catalogue d'un marchand libraire du XV⁰ siècle tenant boutique à Tours*, publié par le Dr Achille Chereau (Paris, 1868, in-12).

[2]. *Pandectarum... libri XXI* (Tiguri, 1538, in-fol.). Gesner reproduit

tard, au début du xviiie siècle, ils étaient de nouveau reproduits, dans les *Annales typographici*[1] de Maittaire, qui apprécie dans les termes suivants, qu'on nous permettra de reproduire, l'intérêt de ces petits livrets : « Celebribus illorum temporum typographis (Maittaire parle du xvie siècle) satis frequens fuit consuetudo... librorum in suis bibliopoliis excusorum et venalium catalogos publicare, emptoribusque singulorum pretium assignare. Hoc tamen pacto suæ magis quam futuræ ætati consuluerunt. Annus enim quo libri editi fuerant, catalogis hujusmodi non addebatur; aliquando nec annus quidem, quo catalogus prodierat. Nonnunquam plurium typographorum bibliopolia idem complectebatur catalogus; distincta vero eorum nomina non exhibebat. Illorum intererat tantum officinam et pretium indicare ; nostrî, hanc annumque cognoscere : neque pretii nos nunc multum juvat notitia, nisi curiosis placeat nosse, quanto minoris, quam nunc, optimi tunc prostarent libri... Hujusmodi catalogi rarissimi quidem nunc occurrunt, nec nisi ingenti pretio redimuntur. Quatuor igitur istius generis officinales (ut ita hos vocem) catalogos curioso lectori aut in usum aut in specimen futuros subjicere non pigebit[2]... »

Si l'on a conservé un plus grand nombre de ces catalogues officinaux que n'en connaissait Maittaire en 1722, on est loin sans doute encore de les posséder tous, et plusieurs de ces petits livrets, quoique tirés à grand nombre, ont été par leur nature même exposés à une destruction à peu près complète[3]. Ce n'est point le lieu

---

in extenso les catalogues suivants : Froschower, de Zürich, en tête du livre I (dernier feuillet de la préface); Alde Manuce, en tête du livre XI (fol. 107 v°-109); S. Gryphe, en tête du livre XII (fol. 117-119); Chr. Wéchel, en tête du livre XIII (fol. 165-166); J. Gymnicus, de Cologne, en tête du livre XV (fol. 237-238); J. Frellon, en tête du livre XVI (fol. 261); enfin Froben, en tête du livre XX, *Partitiones theologicæ*, 1549 (feuillets 1 et 2 après le titre).

1. Catalogi librorum apud Aldum Manutium, III, 240-248 (Gesner); — Colinæum et Calderium, III, 147-205 (1548); — Froschoverum, II, 383-386 (Gesner); — Seb. Gryphium, II, 566-578 (Gesner); — Jo. Gymnicum, II, 585-589 (Gesner); — Hervagium, II, 378-379 (Gesner); — Jo. Lodoicum Tiletanum, III, 449-451 ; — G. Morelium, III, 435-449 (1560); — Oporinum, III, 215-217 (Gesner); — Wind. Richelium, III, 237-238 (Gesner); — Rob. Stephanum, II, 463-542 (1541-1552); — Henr. Stephanum, III, 462-481 (1569); — Chr. Wechelum, II, 412-437 (Gesner et 1544).

2. T. II, 1re part., p. 462.

3. C'est le cas du premier catalogue de l'imprimerie de Chr. Plantin,

d'essayer d'en dresser ici une bibliographie ; il suffira de rappeler qu'on en a plusieurs des Alde, de Venise[1] ; de Froschower, de Zürich ; d'Hervagius, d'Oporin, et de H. Petri, de Bâle ; de Plantin, d'Anvers[2] ; de Gryphe et de Frellon, de Lyon, etc. Pour Paris, ces catalogues sont plus nombreux ; en voici une liste provisoire qui pourra témoigner de l'activité des presses parisiennes au milieu du xvie siècle :

CHAUDIÈRE (Regnaud).

1546.

Libri venales in bibliopolio || Reginaldi Calderii, tum ab Simone || Colinæo, tum à Calderio excusi. || (Marque : *Tempus.*) || Parisiis. || M. D. XLVI. mense Augusto.

In-8º, 28 feuillets, non chiffrés. — Catalogue méthodique, avec prix.

1548.

— Autre édition, même titre, avec la date : M. D. XLVIII.

In-8º, 32 feuillets, non chiffrés. — Catalogue méthodique, avec prix.

— Autre édition, mêmes titre et date (1548). — Dans le titre, le mot *Parisiis* est suivi d'une virgule au lieu d'un point.

COLINES (Simon DE).

(† 1546.)

Sans date.

« Elenchus librorum tum græcorum tum latinorum quos Colinæus suis typis excudit. »

---

de 1567, dont on ne connaît encore aucun exemplaire ; cf. plus bas, note 2.

1. Les premiers *Catalogues des livres grecs et latins imprimés par Alde Manuce, à Venise, 1498-1503-1513*, ont été reproduits en phototypie, d'après les exemplaires uniques conservés dans le ms. grec 3064 de la Bibliothèque nationale (Paris, 1892, gr. in-fol.).

2. Le second Catalogue de l'imprimerie Plantinienne (1567) a été reproduit en fac-similé, d'après un exemplaire également unique, dans les annexes du *Compte-rendu de la 1ʳᵉ session de la Conférence du livre* (Anvers, 1891, gr. in-8º), p. 233-250. On connaît seulement par le livre de comptes et par une lettre de Plantin l'existence d'un premier catalogue daté de l'année précédente 1566.

In-12, 6 feuillets. — Cité par A.-A. Renouard, *Catalogue d'un amateur*, n° 3416 (1); cf. *Annales des Estienne*, 2ᵉ éd., p. 96, et Ph. Renouard, *Bibliographie de S. de Colines*, p. 417 et 423.

Sans date.

Libri in || officina Simonis || Colinæi.

In-8°, 12 feuillets, non chiffrés. — Catalogue méthodique, avec prix.

Sans date.

Libri in officina || Simonis Colinaei.

In-8°, 12 feuillets, non chiffrés. — Catalogue méthodique, avec prix.

Estienne (Robert Iᵉʳ).

Sans date (vers 1542).

Libri in officina || Roberti Stephani typographi Re- || gii, partim nati, partim restituti et || excusi. || (Marque : *Noli altum sapere,* sans le personnage.)

In-8°, 8 feuillets, non chiffrés. — Catalogue méthodique, avec prix.

Sans date (vers 1544).

Libri in officina Ro- || berti Stephani typo- || graphi regii, partim || nati, partim restitu- || ti et excusi : partim e- || tiam vænales ab a- || liis impressi. || (Marque : *Noli altum sapere*, avec le personnage.)

In-8°, 14 feuillets, non chiffrés. — Catalogue méthodique, avec prix.

Sans date (vers 1546).

Libri væna || les in bibliopolio Roberti || Stephani typographi Re- || gii, tum ab Henrico Ste- || phano patre, tum a Simo- || ne Colinæo eius vitrico || excusi.

In-8°, 16 feuillets, non chiffrés. — Catalogue méthodique, avec prix.

1546.

Libri in officina Rober- || ti Stephani typographi Regii, partim nati, partim re- || stituti et excusi. || (Marque : *Noli altum sapere,* avec le personnage.) || M. D. XLVI. IIII. id. maii.

In-8°, 12 feuillets, non chiffrés. — Catalogue méthodique, avec prix.

Sans date (vers 1547).

Haec ex officina || Rob. Stephani prodierunt, ex quo || suum ædidit indicem.

In-8º, 4 pages. — Catalogue méthodique, avec prix.

1552.

Index librorum || in hac officina || impressorum. || (Marque : *Noli altum sapere,* avec le personnage.) || Lutetiae. || M. D. LII.

In-8º, 16 feuillets, non chiffrés. — Catalogue méthodique, avec prix.

1569.

Estienne (Henri II).

Index libro- || rum qui ex officina Hen- || rici Stephani hac- || tenus prodierunt.

Quibus inserti sunt nonnulli ex iis autori- || bus quos eius pater Rob. Stepha- || nus edidit : (significati literis R et S) || quorum paucula exemplaria apud eum- || dem Henr. supersunt.

In-8º, 32 pages. — Catalogue méthodique, sans prix. — Ordinairement relié à la suite de *Henrici Stephani epistola... de suo Thesauro linguæ græcæ* (1569), in-8º.

1574.

Appendix ad Catalogum librorum officinæ Henrici Stephani.

In-8º, 8 pages (les deux dernières blanches). — Cité par A.-A. Renouard, *Annales de l'imprimerie des Estienne* (2ᵉ édit.), p. 94.

Janot (Denys).

[1544.]

Table des livres || de Denys Janot, im- || primeur du Roy, en langue || françoyse.

In-8º, 4 feuillets, non chiffrés. — Catalogue alphabétique, sans prix.

Loys (Jean), de Thielt.

(*Lodoicus Tiletanus.*)

1546.

Catalogus || librorum, qui ex || officina Joannis Lodoici Tiletani prodierunt, || ibidem vel nati, vel emendati, vel alio- || qui illustrati et excusi. (Marque au caducée.) || Parisiis, || Ex adverso Collegii Remensis. || Calendis octobris, 1546.

In-8º, 16 feuillets, non chiffrés. — Catalogue méthodique, avec prix.

Morel (Guillaume).
Sans date.

Index librorum || vænalium apud Guil. Morelium || in Græcis Typographum Regium, || quos aut recens excudit, aut aliun || de comparavit.

In-8º, 6 feuillets, non chiffrés. — Catalogue méthodique, sans prix.

1553.

Index || librorum || qui in Guilielmi || Morelii officina, typis descripti, et ve- || nales sunt. || (Marque au Θ.) || Lutetiae Parisiorum, || M. D. LIII. kal. jun.

In-8º, 8 feuillets, non chiffrés. — Catalogue méthodique, avec prix.

1555.

— Autre édition, même titre, avec la date : Parisiis, M. D. LV. || Apud Guilielmum Morelium.

In-8º, 8 feuillets, non chiffrés. — Catalogue méthodique, avec prix.

1558.

« Index librorum qui in officina Guil. Morelii cusi sunt. — Parisiis, 1558. »

In-8º, 17 feuillets. — Cité par A.-A. Renouard, *Catalogue d'un amateur*, nº 3419 (3).

1560.

Librorum index, || in omni disciplinarum || genere, quos Guil. Morelius è sua officina suppedi- || tare studiosis possit : Primum quos ille typis cudit : || deinde quos aliunde advehendos curavit. || M. D. LX.

In-8º, 8 feuillets, non chiffrés. — Catalogue méthodique, avec prix.

1562.

Index || librorum qui || in officina Guil. || Morelii typographi Regii, || sunt excusi. || (Marque au Θ.) || Parisiis, M. D. LXII. || Apud eundem Morelium.

In-8º, 10 feuillets, non chiffrés. — Catalogue méthodique, avec prix.

Sans date.

Librorum alter || index, quos apud Guil. Mo || relium venales reperias.

In-8º, 78 pages. — Catalogue méthodique, sans prix.

Wéchel (Chrétien).

Sans date.

Librorum || omnium, quos suis typis || excudit Christianus Wechelus, index.

In-8º, 8 feuillets, non chiffrés. — Catalogue méthodique, avec prix.

1543.

Index || librorum || omnium, || quos suis typis || excudit Christianus || Wechelus. || (Marque au Pégase.) || Parisiis || sub scuto Basiliensi in vico Jacobæo, || et sub Pegaso in vico || Bellovacensi. || 1543.

In-8º, 12 feuillets, non chiffrés. — Catalogue méthodique, avec prix.

1544.

— Autre édition, même titre, avec la date : 1544.

In-8º, 16 feuillets, non chiffrés. — Catalogue méthodique, sans prix. Dans quelques exemplaires on a ajouté l'indication du nombre de feuilles de chaque volume, avec l'avis de cette mention au verso du titre.

— Autre édition, mêmes titre et texte, mais différente à la page 8 [1].

Dans la plupart de ces catalogues, on ne trouve mentionnés que quelques rares éditions françaises, ouvrages élémentaires de grammaire ou de science usuelle, pamphlets politiques ou livrets pieux, et ce n'est que dans les catalogues de Wéchel (1544) et de Morel (1562) qu'on trouve un alinéa ou un chapitre spécial réservé à quelques livres *en françois*. Aussi a-t-il semblé qu'il y aurait

---

1. Dans le premier de ces deux catalogues, après le mot *Finis*, annonce qui débute : « Prodibit antem propediem...; » dans le second, deux annonces avant et après le mot *Finis*, la première débute : « Atque hi sunt libri..., » et la seconde : « Porro, ne et hoc te lateat... »

intérêt à publier la reproduction d'un petit catalogue, du milieu du
XVI° siècle, qui ne paraît pas avoir encore été signalé et qui fait
exception par l'abondance des livres français dont il donne la
nomenclature ; c'est la *Table des livres de Denys Janot, imprimeur du Roy en langue françoyse.*

Le nom de Denys Janot est bien connu des bibliographes.
Récemment encore il a été l'objet de savantes recherches de M. H.
Harrisse et de M. Émile Picot, à l'occasion des éditions françaises
réunies en si grand nombre dans la bibliothèque de Fernand
Colomb[1], puis de MM. le baron J. Pichon et Georges Vicaire[2],
enfin de M. Ph. Renouard[3], qui a résumé et complété tout ce
qu'on sait présentement sur Denys Janot. Il était fils de Jean
Jehannot, ou Janot, libraire et imprimeur « à l'enseigne Saint-
Jehan-Baptiste, en la rue neufve Nostre-Dame, près Sainte-Gene-
viefve-des-Ardans, » qui exerçait en 1508 et mourut en 1522[4] ;
sa mère était fille elle-même d'un autre libraire et imprimeur
parisien, Jean Ier Trepperel[5], et il eut un frère, Simon, également
libraire à Paris[6]. Denys Janot épousa Jeanne de Marnef, d'une
famille d'imprimeurs célèbres ; il exerça à partir de 1529, et on le
trouve successivement « rue du Marche pallu (ou « A Marche
« Palut »), à l'enseigne de la Corne de Cerf, devant la rue neufve
Nostre-Dame, » puis, en 1532, « en la rue neufve Nostre-Dame,
à l'enseigne Sainct-Jehan-Baptiste ; » comme la plupart des
libraires, il avait aussi une boutique au Palais, « en la grant
salle..., au premier pillier devant la chapelle de messeigneurs les
presidens. » Denys Janot mourut en 1545. Un an auparavant, il

---

1. *Excerpta Colombiniana.* Bibliographie de quatre cents pièces gothiques
françaises, italiennes et latines,... par H. Harrisse (Paris, 1887, in-8°), p. XLV,
XLVI, LII, LVII, LIX, LXIV, LXXI, 63, 100, 101, 108, 117, 128, 150, 164, 167,
297 et 300. — Compte-rendu de l'ouvrage précédent par M. Émile Picot,
dans la *Revue critique d'histoire et de littérature*, 18 juillet 1887, t. XXIV,
p. 44-54 ; cf. notamment, p. 49-50, la généalogie de la famille Trepperel-
Janot. Notre savant confrère et ami, M. Émile Picot, nous permettra de le
remercier ici des identifications de plusieurs des titres du catalogue des
livres de D. Janot publié plus loin.

2. *Documents pour servir à l'histoire des librairies de Paris, 1486-1600*
(Paris, 1895, in-8°), p. 48-49.

3. *Imprimeurs parisiens, libraires, etc.* (Paris, 1898, in-12), p. 191-192.

4. *Ibid.*, p. 193.

5. *Ibid.*, p. 354.

6. *Ibid.*, p. 192.

avait succédé à Olivier Mallard[1], comme imprimeur du roi en langue française; le texte des lettres patentes de François Ier qui lui octroient ce titre, comme il venait de le conférer, quelques années auparavant, à Conrad Néobar pour le grec, en 1538, et à Robert Estienne pour le latin, en 1539, nous a été conservé dans un petit opuscule contemporain sorti des presses de Denys Janot[2] :

FRANÇOYS, par la grace de Dieu, Roy de France, A tous ceulx qui ces présentes lettres verront, Salut. Sçavoir faisons que nous ayants esté bien et deuement advertis de la grande dextérité et expérience que nostre cher et bien amé Denis Janot a en l'art d'imprimerie et ès choses qui en dépendent, dont il a ordinairement fait grande profession : et mesmement en la langue françoise ; et considérant que nous avons jà retenu et fait deux noz Imprimeurs, l'un en la langue Grecque[3] et l'autre en la Latine[4] : ne voulants moins faire d'honneur à la nostre qu'ausdictes deulx aultres langues, et en commettre l'impression à personnage qui s'en saiche acquiter, ainsi que nous espérons que sçaura très bien faire ledict Janot; icelluy, pour ces causes et aultres à ce nous mouvants, avons retenu et retenons, par ces présentes, nostre Imprimeur en ladicte langue Françoyse, pour doresnavant imprimer bien et deuement, en bon caractère et le plus correctement que faire se pourra, les livres qui sont et seront composez, et qu'il pourra recouvrer en ladicte langue. Et aussi nous servir en cest estat, aux honneurs, auctoritez, privilèges, prééminences, franchises, libertez et droicts qui y peuvent appartenir, tant qu'il nous plaira. Et affin de luy donner meilleure volunté, moyen et occasion de s'y entretenir, et supporter les fraiz et mises, peines et travaulx

---

1. *Ibid.*, p. 255. — Mallard avait lui-même succédé à G. Tory; cf. Aug. Bernard, *Geofroy Tory* (2e éd., 1865), p. 61.

2. Ces lettres patentes de François Ier sont imprimées dans la *Translation de langue Latine en Françoyse des septiesme et huitiesme livres de Caius Plinius Secundus*, faicte par Loys Meigret, Lyonnois (Paris, J. Longis, 1543, in-8°; n° 131 de la *Table des livres* de D. Janot). Elles sont reproduites ici d'après Gaillard, *Histoire de François Ier* (1819), t. IV, p. 403-405; et plus complètement d'après Crapelet, *Études pratiques et littéraires sur la typographie* (1837), p. 116-117, qui les avaient empruntées à l'exemplaire, jusqu'ici unique, de ce petit volume conservé dans la bibliothèque Huzard (n° 1485 du catalogue; vendu 16 fr. en 1842) et qui ne s'est pas retrouvé. Aug. Bernard les a aussi données en appendice (p. 384) de son *Geofroy Tory*, 2e éd., 1865.

3. Cf. Aug. Bernard, *les Estienne et les types grecs de François Ier* (Paris, 1856, in-8°), et *Histoire de l'imprimerie royale du Louvre* (1867), p. 3-4.

4. Cf. Aug. Bernard, *Histoire de l'imprimerie royale du Louvre* (1867), p. 5-7.

qu'il lui conviendra faire et prendre, tant ès impressions, corrections qu'aultres choses qui en dépendent : nous avons voulu et ordonné, voulons et ordonnons et nous plaist, et audict Janot permis et octroyé par ces présentes, qu'il puisse imprimer tous livres composez en ladicte langue Françoyse qu'il pourra recouvrer, après toutesfois qu'ils auront esté bien, deuement et suffisamment veuz et visitez et trouvez bons et non scandaleuz.

(*Suit la formule ordinaire contre les troubles et empêchements dans la jouissance du Privilège.*)

Doné à Paris, le douziesme jour d'apvril, l'an de grace mil cinq cens quarante trois[1], et de nostre reigne le vingt-neufiesme.

Sur le ply : Par le Roy. — L'évesque de Thulles[2], présent. *Signé :* Bayard. *Et scellé sur double cueue, du grand sceel dudict Seigneur.*

C'est sans doute à l'occasion de cette nomination comme imprimeur du roi pour la langue française que D. Janot publia le petit catalogue cité plus haut. Le seul exemplaire jusqu'ici connu de ce livret se trouvait à la fin du xviiie siècle dans la célèbre collection du comte de Thott[3], ministre du roi de Danemark († 1785); il est aujourd'hui conservé dans la Bibliothèque royale de Copenhague, et c'est grâce à la parfaite obligeance du savant directeur de cet établissement, M. Chr. Brunn, qu'en a pu être faite la reproduction photographique qu'on trouvera plus loin. Il forme une plaquette de format petit in-8°, comprenant huit feuillets non chiffrés avec le nom répété à la fin de *Denys Janot*, mais sans date. On y trouve très sommairement mentionnés les titres de 163 ouvrages, la plupart en langue française, rangés par ordre alphabétique et datés de 1532 à 1544, d'une série d'auteurs, les plus en renom dans la littérature du xvie siècle ; il suffira de citer les noms de : Jean Beaufils, Jean Bouchet, Jean Collin, Gilles Corrozet, Helisenne de Crenne, Jacques Gohory, François Habert, Nicolas de Herberay, Louis Meigret, Michel d'Amboise, Guillaume Michel, dit de Tours, Jean Parmentier, Octavien de Saint-Gelais, Antoine du Saix, Maurice Scève, etc.[4].

---

1. Veille de Pâques 1544.
2. Pierre Du Châtel, lecteur du roi, puis évêque de Tulle et de Mâcon, grand aumônier de France († 1552). Cf. *Petri Castellani magni Franciæ elemosynarii vita*, auctore Petro Gallandio, Steph. Baluzius edidit (Parisiis, 1674, in-8°).
3. *Catalogi bibliothecæ Thottianæ tomus VI* (Havniæ, 1792, in-8°), p. 533, n° 4718.
4. Cf. pour tous ces noms les *Bibliothèques françoises* de La Croix du

On peut le plus souvent reconnaître sans peine, malgré leur titre très abrégé, les ouvrages portés à la *Table des livres de Denys Janot*, et il suffira des quelques notes suivantes pour préciser les titres et les dates de la plupart des livres français qui y sont mentionnés. Si plusieurs de ces livres n'ont point été édités ou imprimés par D. Janot, mais seulement mis en dépôt chez lui par quelques-uns de ses confrères, ce petit catalogue, cependant, permettra de préciser l'existence de certaines éditions, dont les exemplaires ont aujourd'hui presque totalement disparu, et il ne sera pas inutile au futur bibliographe des productions de Denys Janot ainsi qu'à l'historien du premier siècle de la librairie parisienne.

1. *Amadis de Gaule*, traduction de Nicolas de Herberay. Paris, V. Sertenas, 1540-1544, 5 vol. in-folio.

2. *Livre d'Arcandam, docteur et astrologue, traictant des prédictions de l'astrologie*. Brunet (I, 381) cite une édition latine d'*Arcandam astrologus*. Paris, V. Gauthrot, 1542, in-8°.

3. *Adolescence amoureuse de Cupido avec Psyché*. Lyon, Fr. Juste, 1536, in-8°.

4. *L'anatomie des os du corps humain*, traduction de Galien par Jean Canappe. Paris, D. Janot, 1541, in-8°.

5. *Petit traicté appellé l'armure de pacience*. Paris, 1542, in-8°. — Cf. plus loin le n° 87.

6. *Declamation de la noblesse et preexcellence du sexe feminin*. Paris, D. Janot, s. d., in-16.

7. *Articles de la foy*, par Jean de Meung. Paris, Verard, 1503, in-8°, goth.

8. *L'amie de court*, par le s^r de La Borderie. Paris, D. Janot et V. Sertenas, 1542, in-8°. — Cf. le n° 97.

9. *Les angoisses douloureuses qui procedent d'amours*, par dame Helisenne de Crenne. Paris, D. Janot, 1538, in-16.

10. *L'amant mal traicté de sa mye*, traduction de l'espagnol de Diego de S. Pedro, par Nicolas de Herberay, sieur des Essars. Paris, D. Janot, [1539], in-8°.

11. *Arresta Amorum*, par Martial d'Auvergne, dit de Paris. Lyon, Gryphe, 1533, in-4°.

12. *Le cry et proclamation publicque pour jouer le mistere des Actes des apostres en la ville de Paris*. Paris, D. Janot, 1541, in-8°.

Maine et de Du Verdier, éd. Rigoley de Juvigny (Paris, 1772-1773, 6 vol. in-4°).

13. *Les sept Pseaulmes de la penitence de David*, par Pietro Aretino, traduction de J. de Vauzelles. Paris, D. Janot, 1541, in-8º.

14. *Beroalde de la fœlicité humaine*, traduction de Calvy de La Fontaine. Paris, D. Janot, 1543, in-8º.

15. *Les blasons domestiques*, de G. Corrozet. Paris, Corrozet, 1539, in-8º.

16. *Les blasons anathomiques du corps féminin*. Paris, L'Angelier, 1543, in-16.

17. *La jeunesse du banny de lyesse, escholier estudiant à Tholose*, par François Habert, et *Suyte du banny de lyesse*. Paris, D. Janot. 1541, in-8º.

18. *Bastiment de plusieurs receptes pour faire diverses senteurs...* Paris, G. Nyverd, s. d., in-16.

19. *Le grant coustumier de France*. Paris, A. Lotrian et D. Janot, s. d., in-4º.

20. *Chroniques de Philippe de Commines*. Paris, L'Angelier, 1539, in-8º.

21. *Colloque familier du vray pudic et syncere amour*, par Jacques Du Clerc. Paris, D. Janot, 1540, in-16.

23. *Les Abusez, comédie faite à la mode des anciens comiques*, premièrement composée en langue toscane par les professeurs de l'Académie sienoise et nommée Intronati, depuys traduite en françoys par Charles Estienne. Paris, 1540, in- .

24. *Les Contrepistres d'Ovide*, par Michel d'Amboyse. Paris, D. Janot, 1541, pet. in-8º.

25. *Les troisieme et quatrieme livres de Luc. Mod. Columella, traitant du labeur des vignes*, traduits par L. Meigret. Paris, D. Janot, 1542, in-8º.

26. *Le catalogue des villes et citez assises ès trois Gaulles*. Paris, D. Janot, 1539, pet. in-8º.

27. *Controverses des sexes masculin et femenin*, par Gratien Du Pont, sieur de Drusac. Paris, 1536, in-16.

28. *La deplourable fin de Flamecte*, de Jean de Flores, traduite par Maurice Scève. Paris, D. Janot, 1536, pet. in-8º.

29. *Le conflict ou debat du Bonheur et Malheur*, par Jean Bouchet. Paris, D. Janot, s. d., in-8º.

30. *Premiere comedie de Terence, intitulée l'Andrie*, traduite par Ch. Estienne. Paris, 1542, in-16.

31. *Œuvres de Coquillart*. Paris, D. Janot, s. d., in-16.

32. *Le chappelet des princes*, cinquante rondeaulx et cinq ballades, par Jean Bouchet. Paris, [D. Janot,] 1536, in-8º.

33. *Meliadus, le chevalier de la croix*. Paris, D. Janot, 1535, pet. in-8º. — Cf. le nº 102.

34. *La fleur et triumphe de cent et cinq rondeaulx*. Lyon, 1540, pet. in-12.

35. *Controverse de Vénus et de Pallas*, par François Habert. Paris, D. Janot, 1542, in-8º.

36. *Les xx livres de Constantin Cesar, ausquelz sont traictez les bons enseignemens d'agriculture*, traduits en français par Anthoine Pierre. Poictiers, J. et E. de Marnef, 1543, in-fol.

37. *Practique en chirurgie*, de Jehan de Vigo, traduite en français par Nicolas Godin. S. l., 1532, in-8º.

38. *La doctrine des chrestiens, extraicte du Vieil et Nouveau Testament*. Paris, D. Janot, 1543, in-16.

39. *Diffinition et perfection d'amour*, par Antoine Vias. Paris, G. Corrozet, 1542, pet. in-8º.

40. *Le debat de deux gentilshommes espagnols sur le fait d'amour*, traduction de Diego de S. Pedro. Paris, J. Longis, 1541, in-8º.

41. *Dyalogue instructoire des chrestiens en la foy, esperance et amour en Dieu, où sont introduits Cornelius et saint Pierre devisans*, par Pierre Doré. Paris, D. Janot, 1542, pet. in-8º.

42. *Les diverses fantaisies des hommes et des femmes, composées par Mère Sotte*, de Gringore. Paris, D. Janot, 1538, in-16.

43. *Le disciple de Pantagruel*. Paris, D. Janot, [1540], in-16.

45. *De morbis mulierum curandis*, authore Nicol. Rocheo. Paris, D. Janot, 1542, in-16.

47. *Discours de Nic. Machiavelli*, 1er livre, traduit par Jacques Gohory. Paris, D. Janot, 1544, in-fol.

48. *Dion, historien grec, des faicts et gestes insignes des Romains*. Paris, Les Angeliers, 1542, in-fol.

49. *L'histoire des successeurs d'Alexandre le grand*, de Diodore de Sicile, traduction des trois premiers livres par Claude de Seyssel. Paris, Les Angeliers, 1541, in-8º.

51. *Les quatre premiers livres des Eneides du tres elegant poete Virgile*, traduction de Dame Helisenne de Crenne. Paris, D. Janot, 1541, in-fol.

52. *Lesperon de discipline pour inciter les humains aux bonnes lettres*, par Antoine Du Saix. Paris, D. Janot, 1538, in-16.

53. *Les xxj epistres d'Ovide*, traduction d'Octavien de Saint-Gelais. Paris, D. Janot, 1541, in-8º.

54. *Exposition du psalme de David qui se commence : Miserere mei Deus*, par Jean Bouchet. (La Croix du Maine, I, 459.)

55. *Epitaphes des roys de France qui ont regné depuis le roy Pharamond jusques au roy Françoys premier*, par Barthélemy Chasseneu. Bordeaux, [1540,] in-8º.

56. *L'Entretenement de la vie*, par Jean Goevrot, médecin de François Ier. Paris, 1530, in-8º.

57. *Les elegantes Epistres extraites du Panegyrique du chevalier sans reproche monseigneur Loys de la Tremoille*, par Jean Bouchet. Paris, D. Janot, 1536, pet. in-8°.

58. *Les sept Pscaumes de la penitence de David*, par Pierre Arétin. Paris, D. Janot, 1541, in-8°.

59. *La première [et seconde] partie des Epistres familieres de M. T. Cicero*, traduction française par Guillaume Michel, de Tours. Paris, D. Janot, 1537 et 1539, in-8°.

60. *Les Epistres veneriennes de l'esclave fortuné privé de la court d'amours*, par Michel d'Amboise. Paris, Al. Lotrian et D. Janot, 1532 et 1534, pet. in-8°.

61. *Les Exclamations et epistres et oraisons de la noble Dame amoureuse dicte l'Ame incorporée*, par Jean Bouchet. Paris, D. et S. Janot, 1535, pet. in-8°.

62. *Les epitomes de Valere le grand*, traduits par Guillaume Michel, de Tours. Paris, D. Janot, 1541, in-16.

63. *La forme et ordre de plaidoirie en toutes les cours royales et subalternes du royaume de France*, par Jean Bouchet. Paris, Les Angeliers, 1542, in-8°.

64. *La deplourable fin de Flamecte*, traduction de l'espagnol de Jehan de Flores, par Maurice Scève. Paris, D. Janot, 1536, in-8°.

66. *Le fondement et origine des tiltres de noblesse.* Paris, D. Janot, 1544, in-16.

67. *Les fables du tres ancien Esope phrigien,... mises en rithme françoise*, par Gilles Corrozet. Paris, D. Janot, 1544, in-8°.

68. *La fleur des commandemens de Dieu.* Paris, G. Lebret, 1548, in-fol.

69. *Les Ordonnances royaulx sur le faict de la justice et abbreviation des procès.* Paris, D. Janot, 1539, in-4°.

70. *Guidon de la pratique en chirurgie*, par Gui de Chauliac. Paris, D. Janot, 1534, in-8°.

71. *Le grand Proprietaire*, traduction de Barthélemy l'Anglais, ou de Glanville, par Jean Corbechon.

74. *Hecatomgraphie*, par Gilles Corrozet. Paris, D. Janot, 1541, in-8°; autre édition de D. Janot, 1543, in-8°.

75. *Harmoniæ Evangelicæ libri IIII*, d'Osiander. Paris, D. Janot, 1544, in-8°.

76. *Historia omnium aquarum...*, per Remaclum F. Lymburgen. Paris, D. Janot, 1542, pet. in-8°.

77. *L'histoire Catilinaire*, de Salluste, traduction de G. Parmentier, de Dieppe. Paris, D. Janot, 1539, in-8°.

78. *Histoire de Theodorite*, traduction de D. M. Mathée. Poitiers, J. et E. de Marnef, 1544, in-8°.

79-80. *Les Œuvres de Justin*, traduction de Guillaume Michel, dit de Tours. Paris, D. Janot, 1538, in-fol., et 1540, in-8°.

81-82. *Le grand Almageste de tres nobles et tres illustre historiographe Joseph Flavie.* Paris, D. Janot, 1533, in-fol.

83. *Jeu de l'adventure et Devis facétieux des hommes et des femmes.* S. l. n. d., in-16.

84. *La maniere de bien et heureusement instituer et composer sa vie,... par Isocrates à l'adolescent Demonicus*, traduction de Calvy de La Fontaine. Paris, D. Janot, 1543, in-16.

85. *Traicté du treshault et excellent mistere de l'incarnation du verbe divin*, par Jean Cabosse. Paris, D. Janot, 1541, pet. in-8°.

86. *Jean de Brie, le bon bergier.* Paris, veuve J. Trepperel et D. Janot, s. d., pet. in-8°.

87. *Internelle consolation et armure de patience.* Paris, D. Janot, 1541, in-8°.

88. *Le jeu des eschez moralisé*, de Jacques de Cessoles.

89. *Institutes*, de Justinien, traduction française en vers de Richard d'Annebaut.

90. *L'orloge de sapience*, par Henri Suson. Paris, D. Janot, s. d., pet. in-8°.

91. *Le livre de saigesse.* Paris, A. Lotrian, vers 1530, pet. in-8°.

93. *Le lys treschrestian florissant en la foy chrestiane*, par Tristan de Lascagne, official de Saint-Julien-du-Sault, près Sens. Paris, D. Janot, 1540, in-4°.

94. *Les trois livres des Loix de Cicéron*, traduction de Jean Collin. Paris, D. Janot, 1541, pet. in-8°.

95. *Joan. Longovallii declaratio ad legem Imperium ff. de jurisdict. omnium judicum.* Paris, D. Janot, 1539, in-4°.

96. *Légende dorée*, de Jacques de Voragine.

97. *L'amie de court*, par le sr de La Borderie. Paris, D. Janot, 1542, pet. in-8°.

98. *Les cinq premiers livres des histoires escrites par Polybe.* Paris, D. Janot, 1542, in-fol.

99. *L'amant mal traicté de sa mye*, traduction de l'espagnol de Diego de San Pedro, par Nicolas de Herberay. Paris, D. Janot, [1539], in-8°.

100. *La Mer des histoires* (jusqu'en 1543). Paris, N. Cousteau, 1543, 2 vol. in-fol.

102. *Meliadus de Leonnoys.* Paris, D. Janot, 1532-[1533], in-fol.

103. *Le premier livre de Marsille Ficin, de la vie saine; le second de la vie longue*, traduction de Jean Beaufilz. Paris, D. Janot, 1541, pet. in-8°.

104. *La grand monarchie de France et la loy salique, premiere loy*

des Françoys, par Claude de Seyssel. Paris, D. Janot, 1540, pet. in-8°.

105. *Maistre Pierre Pathelin, reduict en son naturel.* Paris, D. Janot, s. d., in-16.

106. *Livre doré de Marc Aurèle*, d'Antoine de Guevare, traduction du castillan par René Bertaut de la Grise et Nicolas d'Herberay.

107. Cf. le n° 123.

108. *L'histoire du preux Meurvin, filz de Oger le Dannoys.* Paris, 1539, in-4°.

109. *Le mespris de la court*, d'Antoine de Guevare, traduction de l'espagnol par Ant. d'Alaigre. Paris, G. Du Pré, 1544, in-16.

111. *Le grand nauffraige des folz qui sont en la nef d'insipience*, par Seb. Brandt. Paris, D. Janot, s. d., in-4°.

112. *Les œuvres maistre Françoys Villon.* Paris, D. Janot, s. d., in-16.

113. *Les œuvres de madame Helisenne* [*de Crenne*]. Paris, Ch. L'Angelier, 1543, in-16.

114. *Les œuvres de M. T. Cicero...* Les Offices, livres III,... Paris, D. Janot, 1538 ou 1539, in-8°.

115. *Ovide de l'art d'aymer*, translaté de latin en françoys. Paris, Ét. Groulleau, 1556, pet. in-8°.

116. *Les œuvres de Virgile*, traduction de G. Michel, dit de Tours, et d'Octavien de Saint-Gelais. Paris, veuve D. Janot, 1548, in-fol.

117. *Les œuvres de Clément Marot.* Paris, 1539, in-16.

118. *Le philosophe parfaict*, de Fr. Habert. Paris, P. Roffet et D. Janot, 1542, in-8°.

119. *Dialogue très élégant intitulé le Peregrin*, par Giacomo Caviceo, traduction de François d'Assy. Paris, A. Lotrian, 1531, in-8°.

120. *Livre nouveau dict patrons de lingerie.* Lyon, 1525(?), in-4°.

121. *La parfaicte amye*, par Antoine Héroët. Lyon, 1542 et 1543, pet. in-8°.

122. *Preparatif à la mort*, traduit d'Érasme par Guy Morin, sieur de Loudon. Paris, D. Janot, 1541, in-16.

123. *Perioche des VII premiers livres de la methode therapeutique de Galien*, traduction de Guillaume Cristian [Chrestien]. Paris, D. Janot, 1540, pet. in-8°. — Cf. le n° 107.

125. *Le Philocope de M° Jean Bocacce*, traduction par Adrien Sevin. Paris, 1542, in-fol.

126. *Les cinq premiers livres des Histoires escrites par Polybe*, traduction de Louis Meigret. Paris, D. Janot, 1542, in-fol.

127. *De sanandis totius humani corporis... malis*, de Léonard Fuchs. Paris, V. Gautherot, 1543, in-16.

129. *Precationes biblicæ Sanctorum Patrum.* Paris, G. du Pré et D. Janot, 1540, in-16.

130. *Bernardi de Gordonio Lilium medicinæ*, per Remaclum Fusch. Paris, Poncet Le Preux, 1542, in-8°.

131. *Translation de la langue Latine en Françoise des septiesme et huitiesme livres de Caius Plinius Secundus*, par Louis Meigret. Paris, D. Janot et J. Longis, 1543, in-8°.

132. *La treselegante... histoire du tresnoble... roy Perceforest, roy de la Grande Bretaigne*. Paris, N. Cousteau, pour Galiot Du Pré, 1528, 6 tomes en 3 vol. pet. in-fol.

133. *Les vies des... papes,...* par Baptiste Platine. Paris, Fr. Regnault, 1540, pet. in-8°.

134. *Pollidore Vergile historiographe*. Paris, J. Longis et V. Sertenas, 1544, in-8°.

135. *Francisci Patricii Senensis pontificis Caietani de institutione reipublicæ libri IX*.

137. *Quinte Curse, historiographe ancien*. Paris, Ch. L'Angelier, 1540, in-16.

139. *Rencontre à tous propos par proverbes et huictains françois*. Paris, D. Janot, 1542, 2 vol. in-16.

140. *Le recueil des histoyres troyennes*. Paris, D. Janot, 1532, in-fol.

141. *Regimen sanitatis*, de Robert de Grospré. Paris, les Angeliers et D. Janot, 1540, in-8°.

142. *Le grand et vray art de plaine rethoricque,...* de Pierre Fabri. Paris, D. Janot, 1534, pet. in-8°

143. *Le regime de santé pour conserver le corps humain et vivre longuement*, d'Arnauld de Villeneuve. Paris, A. Lotrian et D. Janot, s. d., in-4°.

144. *Le grant stille et prothocolle de la chancellerie de France, avec le guidon des secretaires*. Paris, D. Janot, 1535, in-8°.

145. *Le songe de madame Helisenne* [*de Crenne*]. Paris, D. Janot, 1540, pet. in-4°.

146. *Les simulachres de la mort*, de Holbein. Lyon, Trechsel, 1538, pet. in-4°.

147. *Sommaire des singularitez de Pline, extrait des seize premiers livre de sa naturelle Histoire*.

148. *Les mots dorez*, de Sénèque, traduction de J. de Courtecuisse et de Cl. de Seyssel. Paris, J. de Saint-Denis, s. d., ou Lyon, D. de Harsy, 1530, in-12. — Cf. *Les Authoritez sentences... de Seneque*. Paris, D. Janot, 1534, pet. in-8°.

149. *Quatres satyres de Juvenal*, traduction en vers de Michel d'Amboyse. Paris, J. Longis, 1544, in-8°.

150. *Saluste,...* traduction de Michel dit de Tours, Paris, Ambr. Girault, 1539, in-8°.

151. *Le Temple de vertu*, par Fr. Habert. Paris, D. Janot, 1542, in-8º.

152. *La Tapisserie de l'Église chrestienne et catholique*. Paris, E. Groulleau, 1551, in-16.

153. *Le tableau de Cebes*,... en ryme françoise par Gilles Corrozet. Paris, G. Corrozet, 1543, pet. in-8º. (Impr. par D. Janot.)

155. *Les Triumphes Petrarcque*, traduction française en prose. Paris, D. Janot, 1538, pet. in-8º.

156. *Les Triumphes de Petrarque*, traduction en vers français par le baron d'Opede, Jean Meynier. Paris, Les Angeliers, 1538, pet. in-8º.

157. *Le théâtre des bons engins*, par Guillaume de La Perrière. Paris, D. Janot, 1539, pet. in-8º.

158. *Les grandes prouesses de... Tristan, filz du noble roy Meliadus de Leonnoy*. Paris, D. Janot, 1533, in-fol.

160. *Viat de salut*, de Guillaume Petit. Paris, Ol. Maillard, 1538, in-8º.

161. *Les visions fantastiques*, de Fr. Habert. Paris, L'Angelier, 1540 et 1542, in-8º.

162. *Ogier le Dannoys*. Paris, D. Janot, 1542, in-8º.

163. *Miroir hystorial*, de Vincent de Beauvais, en français. Paris, N. Cousteau, 1531, 5 vol. pet. in-fol.

TABLE CHRONOLOGIQUE DE QUELQUES ÉDITIONS DE DENYS JANOT.

1532. — Nos 60, 102, 140.
1533. — Nos 83, 158.
1534. — Nos 60, 70, 142, 148.
1535. — Nos 33, 61, 144.
1536. — Nos 28, 32, 57, 64.
1537. — Nº 59.
1538. — Nos 9, 42, 52, 79, 80, 114, 155.
1539. — Nos 10, 26, 59, 69, 77, 95, 99, 114, 157.
1540. — Nos 21, 43, 79, 80, 93, 104, 123, 129, 141, 145.
1541. — Nos 4, 12, 13, 17, 24, 53, 58, 62, 74, 85, 87, 94, 103, 122.
1542. — Nos 25, 35, 41, 45, 76, 97, 98, 118, 139, 151, 162.
1543. — Nos 14, 38, 74, 84, 131, 153.
1544. — Nos 47, 66, 67, 75.

Table des liures

DE DENYS IANOT, IMprimeur du Roy en langue Françoyse.

1. Amadis de Gaule cinq volumes.
2. Arcandan, doctor.
3. Adolescence de Cupido.
4. Anathomie des os, & mouuement des Muscles.
5. Armeure de Patience.
6. Agrippa, de la noblesse fœmenine.
7. Articles de la Foy.
8. Amye de Court.
9. Angoisses d'Amours.
10. Amant mal traicté de s'Amye.
11. Arresta Amorum.
12. Actes des Apostres.
13. Aretin sur les sept Psalmes.

B.

14. Beroalde de la fœlicité humaine.
15. Blasons domestiques.

A

16. Blasons anathomiques.
17. Banny de Lyesse liures deux.
18. Bastiment de receptes.
C.
19. Coustumier de France.
20. Croniques d'Argenton.
21. Colloque du pudicq' Amour.
22. Cent considerations d'amour.
23. Comedie des abusez.
24. Contre epistres d'Ouide.
25. Collumele du labeur des vignes
26. Catalogue des Villes.
27. Controuerses des Sexes.
28. Complainte de Flamette.
29. Conflit de bon heur & malheur.
30. Commedie de Therence, l'Andrie.
31. Coquillart.
32. Chappellet des Princes.
33. Cheualier de la Croix.
34. Cent & cinq rondeaulx.
35. Controuerse de Venus & Pallas.
36. Constantin Cæsar de l'agriculture.
D.
37. De Vigo en Françoys.

38. Doctrine des Chrestiens.
39. Diffinition d'Amour.
40. Debat de deux gentilz hommes.
41. Dyalogue des Chrestiens.
42. Diuerses fantasies des hommes.
43. Disciple de Pantagruel.
44. De spiritu & litera.
45. De morbis mulierum curandis.
46. De laudibus medicinæ.
47. Discours de Macchiaueli.
48. Dyon Hystorian Græc.
49. Dyodore Cicilien.

E.

50. Enchiridium virtutum.
51. Eneides de Virgile, d'Helisenne.
52. Esperon de discipline.
53. Epistres d'Ouide en Françoys.
54. Exposition du miserere.
55. Epitaphes des Roys.
56. Entretenement de Vie.
57. Epistres Panigeriques.
58. Exposition des sept Psalmes.
59. Epistres de Ciceron en Françoys.
60. Epistres Veneriennes.

A ii

61. Exclamations de l'Ame.
62. Epithomes de Valere.

F.

63. Forme de plaider.
64. Fin de Flamette.
65. Formulæ pręcationum Euangelicæ.
66. Fondement de nobleffe.
67. Fables d'Efope, hyftoriées.
68. Fleur des commandemens.

G.

69. Grandes ordonnances.
70. Guidon en chirurgie.
71. Grand proprietaire.

H.

72. Hymni totius anni.
73. Heures en Françoys paraphrasées.
74. Hecatongraphie.
75. Harmoniæ euangelicæ.
76. Hyftoria omnium aquarum.
77. Hyftoire Catilinaire.
78. Hyftoire Theodorite.

I.

79. Iuftin en Françoys, grand.
80. Iuftin en Françoys, in octauo.

81. Iosephus de la bataille des Iuifz.
82. Iosephus des antiquitez.
83. Ieu de l'aduenture.
84. Isocrates à Demonicus.
85. Incarnation du verbe diuin.
86. Iehan de Brie bon berger.
87. Internelle consolation.
88. Ieu des Eschetz.
89. Institutes en Françoys.

L.

90. L'orologe de sapience.
91. **Liure de Sagesse.**
92. Liber psalmorum.
93. Le lys florissant.
94. Les loix Ciceron en Françoys.
95. Longoualius in L. imperium.
96. Legendes dorées.
97. L'amie de Court.
98. Liure de Polibe.
99. L'amant mal traicté.

M.

100. Mer des hystoires.
101. Miroir de la redemption.
102. Meliadus de Lyonnoys.

A iij

103. Marcille Fiscine.
104. Monarchie de France.
105. Maistre Pierre Pathelin.
106. Marc Aurelle.
107. Methode de Galien.
108. Meuruin.
109. Mespris de la Court.

N.

110. Nouum Testamentum.
111. Nauffrage des Folz.

O.

112. Oeuures de maistre Fraçoys Villon.
113. Oeuures d'Helisenne.
114. Offices de Ciceron en Françoys.
115. Ouide de l'art d'aymer.
116. Oeuures de Virgile.
117. Oeuures de Clement Marot.

P.

118. Philosophe parfaict.
119. Peregrin.
120. Patrons de Lingerie.
121. Parfaicte Amye.
122. Preparatif à la Mort.
123. Perioche sur les methodes de Gal.

124. Prouerbia Salomonis.
125. Philocoppe de Bocasse.
126. Polibe en Françoys.
127. Practica Fuschii.
128. Plantarum omnium.
129. Pręcationes Biblicę.
130. Practica Gordonii.
131. Pline.Les vi.& viii.liures.
132. Perceforest.v.Volumes.
133. Platine de de la vie des papes.
134. Polidore Virgile.
135. Patricius de Republica.
136. Punition d'amour.

Q.

137. Quinte Curse.

R

138. Recueil de diuerses histoires.
139. Rencontre à tous propos.ii Vollu.
140. Recueil des histoires de Troye.
141. Regimen sanitatis.
142. Retorique de Fabry.
143. Regime de viure.

S.

144. Stile des Greffiers.

A iiii

145. Songe d'Helisenne.
146. Simulachres de la Mort.
147. Singularitez de Pline.
148. Seneque des motz dorez.
149. Satyres de Iuuenal.
150. Saluste en Françoys.

T.

151. Temple de vertu.
152. Tapisserie de l'Eglise.
153. Tableau de Cebes.
154. Treze elegances d'amour.
155. Triumphe Petrarque, en prose.
156. Triumphe Petrarque, en Rithme.
157. Theatre des bons engins.
158. Tristan de Lyonnois.

V.

159. Vita honesta.
160. Viat de salut.
161. Visions fantastiques.
162. Visions d'Oger le Dannoys.
163. Vincent historial.

Denys Ianot.

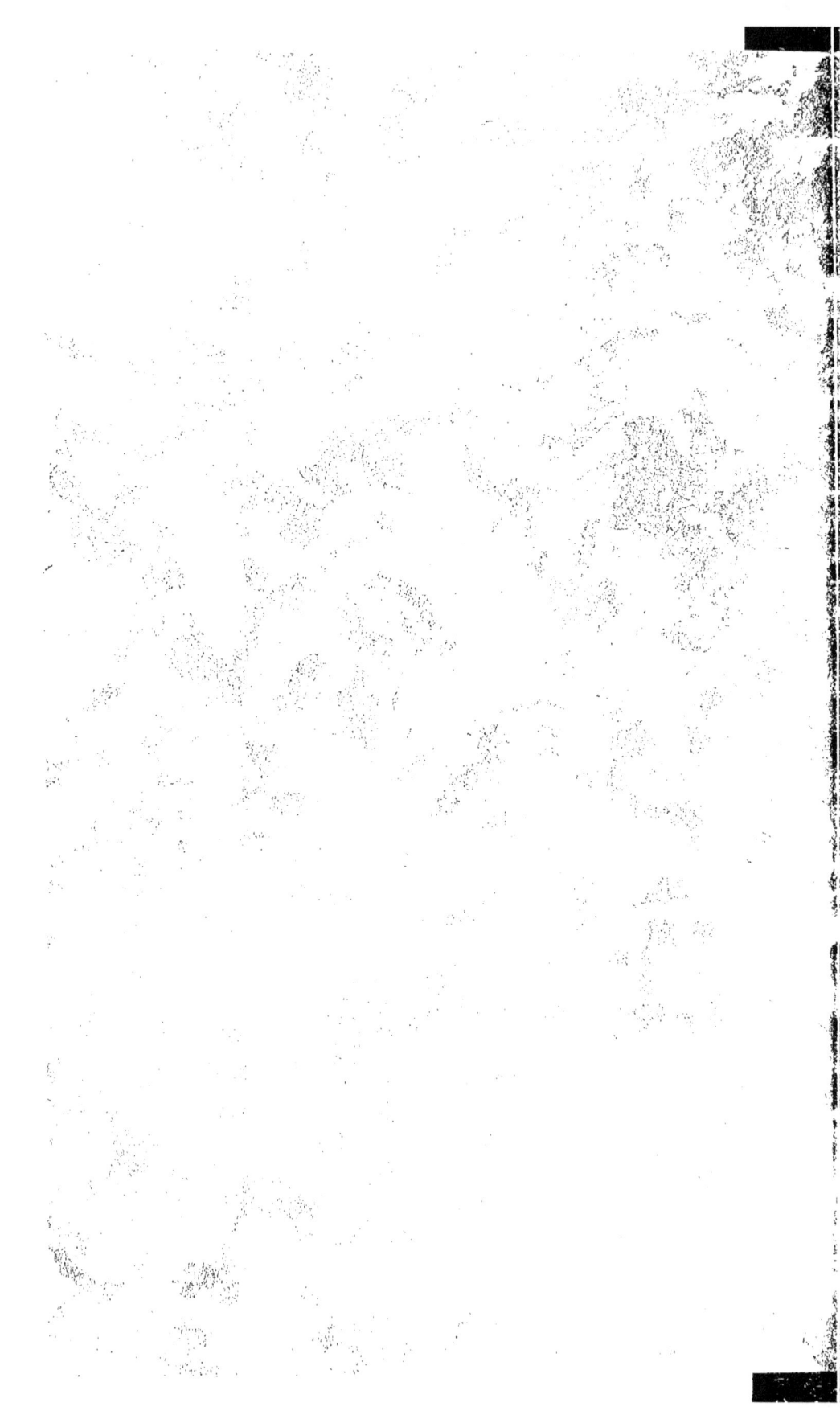

www.ingramcontent.com/pod-product-compliance
Lightning Source LLC
Chambersburg PA
CBHW061003050426
42453CB00009B/1240